Todos los libros de Linkgua Ediciones cuentan con modelos de Inteligencia Artificial entrenados por hispanistas. Pregúntale al chat de tu libro lo que desees acerca de la obra o su autor/a.

Para ebooks: Accede a nuestro modelo de IA a través de un enlace.

Para libros impresos: Escanea el código QR de la portada con tu dispositivo móvil.

Obtén análisis detallados de nuestros libros, resúmenes, respuestas a tus preguntas y accede a nuestras ediciones críticas generativas para una experiencia de lectura más enriquecedora.
La transparencia y el respeto hacia la autoría de las fuentes utilizadas son distintivos básicos de nuestro proyecto. Por ello, las respuestas ofrecen, mediante un sistema de citas, las fuentes con las que han sido elaboradas.

Pedro Calderón de la Barca

El diablo mudo

Barcelona 2025
Linkgua-ediciones.com

Créditos

Título original: El diablo mudo.

e-mail: info@linkgua.com

Diseño de cubierta: Michel Mallard.

ISBN rústica ilustrada: 978-84-9953-744-3.
ISBN tapa dura: 978-84-1126-061-9.
ISBN ebook: 978-84-9897-056-2.

Sumario

Brevísima presentación

La vida

Pedro Calderón de la Barca (Madrid, 1600-Madrid, 1681). España.

Su padre era noble y escribano en el consejo de hacienda del rey. Se educó en el colegio imperial de los jesuitas y más tarde entró en las universidades de Alcalá y Salamanca, aunque no se sabe si llegó a graduarse.

Tuvo una juventud turbulenta. Incluso se le acusa de la muerte de algunos de sus enemigos. En 1621 se negó a ser sacerdote, y poco después, en 1623, empezó a escribir y estrenar obras de teatro. Escribió más de ciento veinte, otra docena larga en colaboración y alrededor de setenta autos sacramentales. Sus primeros estrenos fueron en corrales.

Lope de Vega elogió sus obras, pero en 1629 dejaron de ser amigos tras un extraño incidente: un hermano de Calderón fue agredido y, éste al perseguir al atacante, entró en un convento donde vivía como monja la hija de Lope. Nadie sabe qué pasó. Entre 1635 y 1637, Calderón de la Barca fue nombrado caballero de la Orden de Santiago. Por entonces publicó veinticuatro comedias en dos volúmenes y La vida es sueño (1636), su obra más célebre.

En la década siguiente vivió en Cataluña y, entre 1640 y 1642, combatió con las tropas castellanas. Sin embargo, su salud se quebrantó y abandonó la vida militar. Entre 1647 y 1649 la muerte de la reina y después la del príncipe heredero provocaron el cierre de los teatros, por lo que Calderón tuvo que limitarse a escribir autos sacramentales. Calderón murió mientras trabajaba en una comedia dedicada a la reina

María Luisa, mujer de Carlos II el Hechizado. Su hermano José, hombre pendenciero, fue uno de sus editores más fieles.

Los autos sacramentales

Los autos sacramentales son obras religiosas de carácter alegórico representadas sobre todo en España y Portugal durante el Corpus Christi. Este género ocupa un papel muy interesante en la tradición teatral de Occidente, pues coexistió, antes de desaparecer, con una incipiente y cada vez más popular narrativa escénica interesada en los individuos, y en los sucesos mundanos.

El diablo mudo

Personajes

Hombre
Ángeles
Demonio
Naturaleza humana
Apetito
Penitencia
Conocimiento
Fe
Amor
Peregrino
Naturaleza divina
Judaísmo
Gentilidad
Música

Acto único

Salen el Hombre, vestido de pieles, y el Demonio luchando.

Hombre

Primer delito, en quien
las ciencias aprendí del mal y el bien,
¿qué pretendes de mí
si ya a tu saña mi valor rendí?

(Cayendo y levantando.)

Demonio

Que pues del bien y el mal
sabes, sepas también que eres mortal,
pues Pablo ha de decir
que se vio por el Hombre introducir
el pecado, y por él la muerte.

Hombre

¿No bastó que, áspid cruel
de ese hermoso jardín
de quien me arroja airado querubín,
hicieses que traidoramente atroz,
con rostro humano, con humana voz,
destruyesen mi ser,
cauta la sierpe, incauta la mujer,
en cuya acción perdí
la original justicia en que nací,
infestando tu horror
aun primero la fruta que la flor,
sino que ausente el bien, presente el mal,
la sentencia me intimes de mortal?

Demonio

Dios fue quien la intimó,
y no tan solo vitorioso yo
hoy en particular
en ti del Hombre tengo de quedar,
mas del Hombre en común,
no solo según Pablo, mas según
Job, y según David,
pues hablando los tres en esta lid,
en tres tiempos, en tres
leyes que te han de suceder después,
a tres voces dirán:
uno, todos pecaron en Adán;
otro, en pecado concebido fui,
y otro, perezca el día en que nací.

Hombre

Sí dirán, mas también
dirá antes en su Génesis Moisén
que si una mujer fue
mi ruina, de otra el no mordido pie
de tu frente infeliz
quebrantará la indómita cerviz.

Demonio

Tarde o nunca será;
y porque veas cuán lejana está
esa esperanza en ti,
has de ver que pasando desde aquí
a alegórico frase el historial
y a místico sentido el literal,
siendo del cielo el siempre azul pensil,
del suelo siendo el tarde verde abril,
teatro, escena y dosel,
te represento en él

sin remedio avasallado ya
de mi absoluto imperio el tuyo está;
pues siendo una la culpa de los dos,
en querer tú también ser como Dios,
al que pudiste tú por ti ofender
tú por ti no podrás satisfacer.
Y para que mejor
en tu pena se explique mi rencor,
atiende cómo empieza desde aquí
la representación.

Hombre ¿Quién? (¡Ay de mí!)

Demonio Toda la gran Naturaleza que,
en ti comprometida llora, en fe
de que a tan grande fin,
la autoridad la valga de Agustín,
cuando mire en el águila de Juan
al pecador, metáfora de Adán.

(Apártanse los dos a un lado atendiendo a la Naturaleza humana, que sale suelto el cabello, a medio vestir y desaliñada, representando como con llanto y lástima.)

Naturaleza humana Hermosa fábrica altiva,
que fuiste en tu edad primera,
según los profetas, nada,
y caos según los poetas.
Tú, que en la faz del abismo,
sobre cuyas ondas era
el espíritu de Dios
llevado, te viste envuelta

de oscuras tinieblas hasta
que la Summa Omnipotencia,
sin necesitar de ti,
pues se gozaba en sí mesma,
por ostentarse Criadora
y comunicarse Inmensa
dividió al primero día
las luces y las tinieblas,
mostrando que en el principio
crió Dios el cielo y la tierra.
Tú, que al segundo miraste
sobre el firmamento puestas,
divididas de las aguas,
las aguas, cuya soberbia,
para que no se desboque,
dorado freno de arena
tiene a raya, porque Dios
le está tirando la rienda,
dejando su agregación
la tez aterida y yerta,
hasta que al día tercero
los esmaltes de la yerba
la vieron de árboles, plantas,
flores y frutos cubierta.
Tú, que al cuarto claro día,
a quien siguió la funesta
cuarta noche, presidir
viste esas lámparas bellas
de Sol y Luna, de quien
la innumerable caterva
de tanto esplendor mendiga
luces para las estrellas.

Tú, que, al quinto, poblar viste
aire y mar de tan diversas
especies como sus golfos
nadan, sus páramos vuelan;
bien, como al sexto, habitar
de los montes y las selvas
ya las floridas campañas,
ya las campañas desiertas,
tantos varios animales.
Y tú, en fin, que por postrera
obra de Dios, en que echaron
el resto sus excelencias,
viste que, inspirado el barro
de su anhélito, a materia
tan tosca dio alma tan noble,
que en la duración de eterna
es de fe que la crió
a su semejanza mesma.
Atiende a mi voz, atiende
a mi lamento, a mi pena,
a mi ahogo, a mi desdicha,
mi aflicción y mi miseria
antevista en el no acaso
con que Dios, todas aquellas
fábricas de los seis días,
volviendo Criador a verlas,
vio que eran buenas, y solo
la del hombre no vio que era
buena, porque le dejó
libertad con que pudiera
hacerse él mismo a sí mismo
ser mala fábrica o buena

y siendo así que dejando
su dicha a la contingencia
de su albedrío, incurrió
en el delito de lesa
majestad, tan en primero
capítulo que, cabeza
del mundo, comprometida
en él la Naturaleza,
avenenó en un bocado
a toda su descendencia.
Compadécete de mí,
que en representable idea,
en voz de todos pretendo
apelar a la suprema
piedad de Dios, y pues laúdes
suyos en un canto enseñan
que las obras del Señor
al Señor bendigan, sean
idioma de mis gemidos
las calladas obras vuestras,
diciendo en cláusulas dulces
al son de lágrimas tiernas:
«Bendígante, Señor, tus obras mesmas.»

(Dentro, toda la Música.)

Música Bendígante, Señor, tus obras mesmas.

Naturaleza humana Ten del Hombre piedad, de mí clemencia

Música Ten del Hombre piedad, de mí clemencia.

Demonio

Avenenada familia,
si rendida, si sujeta,
no es posible que sacudas
el yugo de mi obediencia.
¿Para qué inútil al cielo
clamas? ¿Para qué lamentas,
si sabes cuánto cerradas
están para ti sus puertas?

Naturaleza humana

Ya lo sé, ya lo sé; pero
también sé que es llave maestra
de sus candados el llanto.

Demonio

Si es infinita la ofensa
del Hombre, por lo infinito
del objeto, ¿cómo esperas,
siendo finito el poder
suyo, di, que pagar pueda
lo finito a lo infinito?

Naturaleza humana

Fiando de la summa ciencia
de Dios que mérito haya
tan inmenso que comprehenda
con lo infinito del precio
lo infinito de la deuda,
de cuya esperanza está
la sacra página llena
en tantos lugares como
patriarcas y profetas
su venida aclaman.

Demonio

Antes

que ese alivio al Hombre venga,
poseído de mis iras
verás cuán incapaz quedas
de ver tanto prometido
bien.

Naturaleza humana ¿Cómo?

Demonio Desta manera.
¡Apetito!

(Sale el Apetito.)

Apetito ¿Qué me mandas?
Pues ya sabes la presteza
con que a las órdenes tuyas
desde la culpa primera
está el humano Apetito.

Demonio Que pues pasando la escena
va de historia a alegoría,
y sin que éste ni aquel sea,
a cualquier hombre en pecado
en éste se representa;
no te apartes dél, haciendo
que de original transcienda
su culpa a actual.

Apetito Sí haré.
Ven, Hombre, donde te esperan,
entre amorosas delicias
de peregrinas bellezas,

perfumes, galas y joyas,
las golosas opulencias
de vinos y de manjares,
juegos, músicas y fiestas.

Hombre — Dices bien, y ya un perdido,
¿qué se pierde en que se pierda?
Llévame, Apetito, pues,
donde en mi lecho y mi mesa,
altar de los epicurios,
la gula y lascivia tengan
a mi vientre por mi dios.

Naturaleza humana — No en sus lisonjas consientas,
que ya comete el pecado
quien complacido le piensa.

Hombre — Comamos hoy y bebamos,
Humana Naturaleza,
que mañana moriremos.
Ven, Apetito.

Naturaleza humana — ¡Oye!

(Quiere detenerle y él la aparta.)

Hombre — ¡Suelta!

Naturaleza humana — Para que él se vuelva a Dios,
a Dios la alabanza vuelva.

Música — Bendígante, Señor, tus obras mesmas.

Ten del Hombre piedad, de mí clemencia.

Apetito ¿No vienes?

Hombre Sí; bien que temo
que este llanto me suspenda.

Demonio Para que no oiga sus voces
y para que el mundo vea
que, siguiendo a su Apetito,
el día que el Hombre peca
es morada del Demonio,
y que, arrojando a Dios fuera
de su pecho, entro yo en él,
negro espíritu posea,
de tantos como arrastró
mi ambición a mi obediencia,
el ya amotinado vulgo
de sentidos y potencias;
reine, pues, en él mi ira.

(Como arrebatado y temblando, dice lo que otro dentro.)

Hombre y otro
(Dentro.) Sí hará, aunque es cárcel estrecha
para tanto güésped como
un rasgo de tu soberbia.

Hombre solo ¡Ay, infelice de mí!
que el corazón se me quiebra
en el pecho, que me quemo,

que me abraso.

Apetito ¿De qué tiemblas?
¿De qué gimes y suspiras?

Hombre ¡Oh, quién (¡ay de mí!) pudiera
arrancándole a pedazos
de esas azules vidrieras,
alcázar de Dios, quebrar
el cristal y...

Naturaleza humana Aunque te veas
en tan miserable estado,
no desconfíes y espera
en Dios, porque más le enoja
quien de su amor desespera
y su piedad que quien más
le ofende.

Hombre ¿Cómo (¡qué pena!)
es posible (¡qué dolor!)
que quien tanto incendio sienta,
que es cada aliento un volcán,
que es cada suspiro un Etna,
no desespere?

Naturaleza humana Aplicando
medios que a Dios compadezcan
en tu lástima.

Demonio ¿Qué medios?

Naturaleza humana El primero...

Hombre Dile.

Naturaleza humana ...sea
tu propio conocimiento;
disculpa tus yerros tengan
en que como miserable,
caduca y perecedera
criatura erraste.

Demonio Ya es tarde.

Naturaleza humana Nunca es tarde, que en cualquiera
hora que el pecador gima
le oye Dios.

Demonio ¿De qué manera?

Naturaleza humana A propio conocimiento
del Hombre.

(Sale el Conocimiento, viejo venerable, con un espejo cubierto de una banda.)

Conocimiento ¿Qué es lo que intentas,
Naturaleza, si tú
y él sois una cosa mesma?

Naturaleza humana Es verdad, mas en los dos
hay hoy esta diferencia:
que él lo es en particular

y yo en común.

Conocimiento ¿Y qué ordenas?

Naturaleza humana Para despertar motivos,
por más que impedidos duerman,
desengaños de su ser
en ese cristal le acuerda;
llega, pues, a que se mire
en él, y que es polvo vea,
humo, sombra, viento y nada;
pues quien más al Hombre enmienda
la memoria es de la muerte.

Apetito ¿Qué es error no consideras,
para la objeción de algunos,
que papel agora tenga
el Miércoles de Ceniza
siendo del Corpus la fiesta?

Naturaleza humana Víspera de la alegría
llamó un cuerdo a la tristeza.
¿Qué fuera del día sin noche?
¿y qué del remedio fuera,
si antes no se viera el daño?
Llega, pues.

Hombre ¿Qué aguardas? Llega,
Conocimiento.

Demonio No hará,
que porque su ser no advierta

le cegaré yo los ojos.

Conocimiento

Tu imagen, Hombre, es aquesta:
mírate en ella.

(Quita la banda y vese una muerte en el espejo, y, al irse a ver, el Hombre representa como ciego.)

Hombre

No puedo.
¿Qué pardas oscuras nieblas
me han apagado del día
las hermosas luces bellas?
¿Qué se nos ha hecho el Sol
que asaltado de la negra
noche, a media tarde expira?
¿Dónde estás? ¿Dónde te ausentas,
Naturaleza?

(Como buscándola a tiento.)

Apetito

Esto es,
mortal, si lo consideras,
que el Hombre desde el pecado
con su mismo ser no encuentra.

Naturaleza humana

Aunque le ciegues los ojos,
voz por lo menos le queda
para confesar sus culpas,
virtud de la Penitencia.

(Sale la Penitencia.)

Penitencia
¿Qué me quieres?

Naturaleza humana
Pues tú sola,
a Hombre que el Demonio ciega
y peca, socorrer puedes,
inspira en el que a ver llegas
alientos tuyos, que en altas
voces al cielo enternezcan.

Penitencia
Sí haré, y para mostrar que
mi voz, cuando triste suena,
es música para Dios,
ha de ser desta manera:
(Canta.) Hombre, tu error confiesa,
pues te inspira su voz la Penitencia.

Demonio
No hará tal, que también yo,
pues que Dios me da licencia
sobre aqueste miserable,
sabré impedirle la lengua.

Penitencia
Y pues obra de Dios eres,
repite con todas ellas:

Música y Naturaleza humana
Bendígante, Señor, tus obras mesmas.
Ten del Hombre piedad, de mí clemencia.

Hombre
Ten del Hombre... no, no puedo

pronunciar.

(Quiere hablar y no puede.)

Conocimiento
Solo por señas
se explica.

Penitencia
Mudo ha quedado.

Apetito
¿De qué os admiráis, si es cierta
cosa que el pecado impide
la voz de la Penitencia?

Naturaleza humana
Aunque esté sin vista y voz,
pues el oído le queda
virtud hay para el oído.
¡Fe divina!

(Sale la Fe.)

Fe
¿Qué me ordenas?

Naturaleza humana
Que al Hombre de ojos y labios
tú las ataduras venzas;
y pues es tuyo el oído,
haz por lo menos que crea
que hay remedio en sus desdichas,
y no niegue, ya que ofenda.

Fe
Yo le daré mis auxilios.

Demonio
Si es natural consecuencia

que el que está mudo esté sordo,
¿qué auxilios le has de dar? Fuera
de que faltando las obras,
¿qué importa la fe sin ellas,
pues fe sin obras no es fe?

Fe
Al verle he quedado muerta.

Apetito
Sin obras la fe no vive.

Fe
¡Qué lástima!

Conocimiento
¡Qué miseria!

Penitencia
¡Qué compasión!

Naturaleza humana
¡Qué desdicha!

Demonio
Humana Naturaleza,
si en sentidos exteriores
los interiores se muestran,
esto es el Hombre en pecado,
siendo el ídolo que cuenta
allá el salmista, pues tiene
ojos y no mira, lengua
y no habla, oídos y no
oye, labios y no alienta,
pies y no se mueve, manos
y no toca; y pues deshecha
tanto la imagen de Dios,
a solo un pecado queda
que es ídolo del Demonio,

y para las obras buenas
ni ve, ni escucha, ni habla,
mira cuán en vano esperas
que aquel prometido Bien
a darle la salud venga.

(Vase.)

Naturaleza humana La Eterna Sabiduría,
que es la ciencia de las ciencias,
solo podrá, cuando a ver
llego que, si a hablar se esfuerza,
gime; si a escuchar, suspira;
y si a andar, es tan a ciegas
que tropezando en su sombra
es su sombra cuanto encuentra.

(Haciendo las acciones que dicen los versos, pasa tropezando del Conocimiento sin tocar en él.)

Conocimiento En todo cae sino en mí.

Apetito Claro está que no estuviera
ciego el Hombre, si en su propio
Conocimiento cayera.

(Pasa de la Penitencia sin tocarla.)

Penitencia Ni conmigo da tampoco.

Apetito ¿Qué mucho que quien se deja
atrás al Conocimiento

no dé con la Penitencia?

(Pasa de la Fe.)

Fe — También pasando de mí
hacia otra parte se aleja.

Apetito — Preciso es: el que mal obra
que a la fe la espalda vuelva.

(Toca a la Naturaleza y ella se estremece.)

Naturaleza humana — Solo en mí ha tocado, cuyo
contacto que, ardiente, hiela;
que, helado, abrasa, inficiona,
pasma y estremece.

Apetito — Es fuerza
que solo tocada dél
quede la Naturaleza.
Y pues a mozo de ciego
mi mismo ser me condena,
pues claro es que el Apetito
solo sirve al que anda a ciegas,
yo habré de ser quien le guíe;
ven, Hombre, por esta senda.

(Tómale de la mano y vanse los dos, con los extremos que dicen los versos.)

Fe — Apartado de nosotros
no da paso que no sea

un precipicio.

Penitencia ¿Qué mucho,
si su apetito le adiestra?

Naturaleza humana Aunque dél quedo tocada,
pues mi fe conmigo queda
y con el Conocimiento
me asiste la Penitencia,
compadezcan mis gemidos
al cielo, siendo mis quejas
la aclamación con que tantos
patriarcas y profetas
esperan que a la Divina
Naturaleza conmuevan
los tiernos lamentos de
la Humana Naturaleza.
Ayudadme, pues, vosotros.

Fe ¿Qué canción es la que intentas
que en su advenimiento a Dios
le repitamos?

Naturaleza humana Aquella
que antes empecé, porque
todas las criaturas tengan,
no animadas y animadas,
parte en su venida.

Penitencia Y sean,
pues laúdes de adviento son,
para su alabanza eterna,

a un tiempo los versos suyos
y las antífonas nuestras.

Naturaleza humana
Bendecid, pues, al Señor
divinas inteligencias
de ángeles y de virtudes,
cielo, Sol, Luna y estrellas.

Los tres y Música
Y el ángel que ha de dominarnos venga
cuando el Sol de Justicia resplandezca.

Naturaleza humana
Bendecid al Señor, días
y noches, luces y nieblas,
granizos, escarchas, nieves,
serenidad y tormenta.

Música
Y el rocío del alba el mundo vea,
cuando preñada nube al justo llueva.

Naturaleza humana
Bendecid al Señor, montes,
collados, valles y selvas,
troncos, plantas, flores, hojas,
estío, invierno y primavera.

Música
Y la fecundidad de todos sea
alba, que para todos amanezca.

Naturaleza humana
Bendecid al Señor, fuentes
y mares, y cuanto en ellas
se mueve y en tierra y aire,
peces, aves, brutos, fieras.

Música

Y produciendo al Salvador la tierra,
danos tu Hijo, la Salud descienda.

Naturaleza humana

Bendecid al Señor, hijos
de los hombres, en quien tengan
primer lugar sacerdotes
y justos, cuya inociencia,
igual a la de Ananía,
entre las llamas esenta,
Azaría y Misael,
sus piedades enternezca.

Música

Y la voz, que en desiertos clama, tenga
aparejada para Dios la senda.

Naturaleza humana

Y, en fin, bendiciendo al Padre,
Hijo y Espíritu, sean
gloriosamente exaltadas
tres Personas y una Esencia.

Música y
Naturaleza humana

Bendígante, Señor, tus obras mesmas.
Ten del Hombre piedad,
de mí clemencia.

(A esta última repetición suenan las chirimías, y después, cuando lo dicen los versos, se abre un globo celeste, que será uno de los carros, arrojando de sí hasta el tablado una escala con Ángeles en acción de bajar por ella, y en lo alto se ve, en un trono de resplandores, la Naturaleza divina la cual por las canales de elevación ha de bajar al tablado cuando lo dicen los versos.)

Fe — Oye, que a la aclamación,
como en piadosa respuesta
de tus lamentos, parece
que todo el aire se puebla,
no solo de luces, pero
de aladas inteligencias,
que, mariposas del Sol,
batiendo las alas bellas,
al mismo fuego que avivan,
se abrasan y no se queman,
a tiempo que de los cielos
las cristalinas esferas,
rasgando de su aparente
velo las nubes despliegan
hojas de púrpura y nácar,
en cuyo trono la bella
Naturaleza Divina
a mis ojos ver se deja.

Naturaleza humana — Pues dame tus ojos, fe,
para que con ellos pueda
verla yo, que sin tu vista
no me es posible a mí el verla.

Fe — Ven conmigo.

Naturaleza humana — Ya contigo
la veo, aunque no la vea,
¡qué distinta ceguedad
de aquella pasada es esta!

Fe — Ya que con la fe la miras,

óyela también, atenta
a que como toda es
Divinidad, aún su tierna
voz, siempre dulce y sonora,
en métricos ritmos suena.

Naturaleza humana

Ya a su acento y vista estoy
más lince cuando más ciega.

Naturaleza divina
(Cantado.)

Naturaleza Humana,
cuyo llanto feliz
dulcemente suave,
tiernamente sutil,
pudo del cielo abrir
los cerrados canceles de zafir.
La Divina tu voz
llegó piadosa a oír,
y rasgando del cielo
el diáfano viril,
en cuyo azul pensil
es cada rosa estrella carmesí,
movida a tu penar,
atenta a tu sentir,
responde generosa,
manifestando así
que, para conseguir,
el idioma de Dios es el gemir.
¿Qué quieres, pues? y pide
sin miedo al advertir,
que el que pide llorando
seguro tiene el fin,
pues llorar para mí

aún es ejecutar más que pedir.

Naturaleza humana ¿Qué puedo pedirte yo,
Divina Naturaleza,
que increadamente fuiste,
eres y serás eterna,
al verme (¡ay de mí!) tocada
de un contagio, que no sea
la salud que prometida
tienes al mundo? Descienda,
aunque una y otras mil veces
el canto a repetir vuelva,
el Ángel del Gran Consejo,
que ha de dominar la tierra,
cuando intacta virgen rosa
conciba y quede doncella;
nazca el lucero que al Sol
le ha de ir abriendo la senda;
de la aurora su rocío
las nubes al justo lluevan,
y, finalmente, fecunda
abra sus senos la tierra
y produzca al Salvador.

Naturaleza divina
(Cantado.)
Si tu pretensión es esa
vuelve a ver aquel orbe,
en cuya alta cerviz
lágrimas del Aurora
cuajar en perlas vi,
cuando a ningún matiz
humedeció el albor y a un vellón sí.
Vuelve a ver de su falda

el ameno país,
donde imágenes son,
brotando mil a mil,
el lirio, el alelí,
la azucena, la rosa y el jazmín.
Verás de sus entrañas
el virgen seno abrir
y, en literal sentido,
la tierra producir
el Sol, cuyo cenit
el oro engendra del mejor Ofir.

(Ábrese el otro carro, que será un globo terrestre, y vese en él sentado en otro trono de flores el Amor, de Peregrino, la mano en la mejilla, como dormido; y, en elevación también de canales, baja a su tiempo por otra escala, cuyos Ángeles estarán en acción de subir.)

Naturaleza humana Ya veo que un Peregrino,
tan peregrino en belleza
que parece al Dios de Amor
cumpliendo una y otra letra,
la que le pide piadosa
que se levante y no duerma,
y la que piadosa dice
que aunque al humano parezca
que está el sentido dormido
está el corazón en vela,
yace allí, como mostrando
que al tiempo que el cielo ostenta
la Divinidad en ti,
en él pretende la tierra
ostentar la Humanidad,

acordándome la excelsa
escala que vi otra vez
de hermosos ángeles llena,
ser el Hombre cuando suban
y el Verbo cuando desciendan.

Naturaleza divina (Cantado.)
Pues si eso ves, ¿qué aguardas
para acercarte a mí,
viendo al cielo y la tierra
compitiendo entre sí
por llegar a medir
de tierra y cielo el desigual confín?

Naturaleza humana
Es tan grande la distancia
que hay de mí a ti, tan inmensa,
que no es posible sin alas
de paloma, que me atreva
a volar. ¿Quién le dará
alientos a mi bajeza
para acercarme a ti?

Peregrino
Yo,
que despertando a tus quejas
del sueño que no dormía,
quiero que hoy el mundo vea
a la vista de la fe,
pues nadie podrá sin ella,
cómo un Peregrino Amor
de la superior esfera
y de la esfera inferior
los dos extremos concuerda.

Desciende, Divinidad,

(Van bajando las dos apariencias.)

pues yo te espero en la selva
de ese de lágrimas valle.

Naturaleza divina (Cantado.)

Si tú me llamas es fuerza
que yo descienda, pues
el bajar yo es por ti,
porque tú por mí subas,
siendo ya desde aquí
un amar, un sentir,
que Peregrino Amor dispuso a unir.

([Tocan] las chirimías y llegan los dos al tablado, y tomando el Peregrino de la mano a la Naturaleza divina se acerca a la Humana; ella se retira con temor y reverencia, y los tres aparte están a la mira.)

Conocimiento

Penitencia, ¿qué ves?

Penitencia

Nada;
basta que la fe lo vea
para mí.

Conocimiento

Para mí, no,
que aunque me esfuerzo a creerla,
el conocimiento humano
no es capaz de igual materia,
y Conocimiento y fe

el que se impliquen es fuerza.

Peregrino
Ya que mi Divinidad
conmigo viene, ¿qué esperas?
¿Por qué no llegas?

Naturaleza humana
Porque
mi humildad y mi miseria
me acobardan.

Peregrino (A la Humana.)
Si te animo
yo, ¿qué hay que dudes ni temas?
(A la Divina.) Y tú, ¿por qué no la abrazas?

Naturaleza divina
Porque espero su licencia.

Naturaleza humana
¿Tú mi licencia?

Naturaleza divina
Yo.

Naturaleza humana
(Cantado.)
¿Pues no la tienes?

Naturaleza divina
Sí;
mas quiero a tu humildad
el mérito añadir.

Naturaleza humana
¿De qué, de qué me di?

Naturaleza divina
De resignar tu voluntad en mí.

Naturaleza humana Pues si para tanta dicha
mi mérito es mi obediencia,
reconociéndome esclava
estoy a tus plantas puesta;
cúmplase tu voluntad.

Naturaleza divina (Cantado.) Yo en mí te recibo y piensa,
ya que una vez te admito,
que este lazo feliz
ni aun la muerte podrá
cortar ni dividir.

Peregrino (En medio de las dos, abrazando a entrambas.)
Claro está, pues soy yo quien os uní,
que nunca dejaré lo que admití.
Y pues con aqueste abrazo
en ti lo inmenso se abrevia,
en ti lo humilde se ensalza;
y haciendo que se comprehenda
lo incomprehensible: el que es
sin tiempo con tiempo sea,
el impasible pasible,
mortal el inmortal; vean
el cielo y la tierra que
hoy por mí y en mí se estrechan
a nunca faltar Divina
y Humana Naturaleza.
(A la Divina.) y pues en ti el que era soy
(A la Humana.) y en ti soy el que no era,
(A la Divina.) en ti lo Divino goce
(A la Humana.) y en ti lo Humano padezca
y tan en el primer paso

que en él destemplanzas sienta
de la nieve y de la escarcha;
en el segundo sangrienta
espada me atemorice;
y para que me convenga
el nombre de Peregrino,
a extraña patria transcienda,
de donde, aunque vuelva, no
a gozar delicias vuelva,
sino fatigas, y tantas
que aun enseñando me pierda;
pase al desierto..., mas esto
dirá mejor la experiencia.
Venid conmigo las dos,
y todos diciendo sea
en la hipostática unión
de entrambas Naturalezas:

Él y música — Dése a Dios gloria en el cielo
y paz al Hombre en la tierra.

Naturaleza humana — Apenas el armonía
de angélicas voces suena,
cuando hebreos y gentiles
mueven cuestiones diversas,
concurriendo unos y otros
no bien informados de ellas,
unos a poner calumnias,

otros a dar obediencias.

(Quítala unos volantes que habrá traído por manto la Naturaleza humana y póneselo en el rostro la Divina.)

Naturaleza divina
Antes que lleguen, tus velos,
Naturaleza, me presta
porque con ellos me encubra.

Naturaleza humana
¿Por qué recatarte intentas?

Naturaleza divina
Porque oculta con los velos
de Humana Naturaleza
la Divina, de la fe
los altos méritos crezcan:
crean ambos pueblos hoy
lo que oigan no lo que vean,
a cuyo efeto las voces
otra vez a decir vuelvan:

Todos y Música
Dése a Dios gloria en el cielo
y paz al Hombre en la tierra.

(Con esta música y chirimías, se van los tres.)

Penitencia
Fe, ¿tras ellos te vas?

Fe
Sí
que siendo yo la que ciega
penetrar puedo aquel velo,
bien sus misterios me llevan

hoy tras sí. ¿No vienes tú?

Penitencia

No, que soy la Penitencia
y hasta merecer no puedo
mirarlos desde tan cerca.

(Vase.)

Fe

Conocimiento, ¿no vienes?

Conocimiento

No sé, fe, cómo me atreva;
soy Conocimiento Humano,
no te admire mi propuesta
al decir que humano veo
un hombre, y querer que crea
tan presto que es Hombre y Dios,
hasta que en sus obras vea
efetos de Dios y Hombre
en mí mil dudas engendra.

Fe

¿No te lo dice la fe?

Conocimiento

La fe me lo dice, y esas
voces, pero no me ajusto
a creerlo tan apriesa.

Fe

¡Ay de ti, si en creerlo tardas,
y de ti a decir se llega,
oh, Conocimiento Humano,
el que las criaturas mesmas

que hizo le desconocieron!

(Vase.)

Conocimiento
Ni uno ni otro me hace fuerza,
mientras más no lo examino,
por más que a decirme vuelvan:

Él y música
Sea a Dios gloria en el cielo
y paz al Hombre en la tierra.

(Salen oyendo esta repetición de un carro el Judaísmo y de otro la Gentilidad.)

Judaísmo
Sea a Dios gloria en el cielo.

Gentilidad
Y paz al Hombre en la tierra.

Judaísmo
¿Qué nueva dulce alegría
ecos forma hoy tan suaves?

Gentilidad
¿Qué nuevas sonoras aves
son las que hoy llaman al día?

Judaísmo
Cuya métrica armonía
es tan nueva para mí,
que nunca su canto oí.

Gentilidad
Que su acento no escuché
otra vez.

Judaísmo
Ni entender sé

la letra.

Gentilidad — Ni percibí
qué misterio es el que encierra.

Los dos — Por más que dice su anhelo:

Ellos y Música — Dése a Dios gloria en el cielo
y paz al Hombre en la tierra.

Conocimiento — De un discurso en otro yerra
confuso mi pensamiento.

Judaísmo — Mas déste informarme intento.

Gentilidad — Pero déste lo sabré.

Los dos — Y es sin duda, pues que fue
no acaso el Conocimiento.

Judaísmo — Dime, oh tú, que suspendido
tanto en ese acento estás...

Gentilidad — Dime, oh tú, que tras él vas
siendo norte de tu oído...

Judaísmo — ...pues en mis ciencias has sido
el que mis dudas prefieres...

Gentilidad — ...pues Conocimiento eres...

Judaísmo — ...si son estas alegrías

volver de su rapto Elías.

Gentilidad

...si son aquestos placeres
que ande aquí alguna deidad.

Conocimiento

Bien arguye un silogismo
que vos sois el Judaísmo
y vos la Gentilidad,
pues en tanta novedad
con natural aprehensión,
deidad y profeta son
los afectos que mostráis;
pero aunque los dos tengáis
el imperio y el blasón,
responderos no sabré,
la misma duda me inquieta:
ni fue deidad ni profeta
y profeta y deidad fue
un Hombre, de quien la fe
informa que es Hombre y Dios;
vos sois sabio, altivo vos,
y pues en duda tan alta
el Conocimiento os falta,
sabeldo sin mí los dos.

Judaísmo

Escucha, que es vano intento...

Gentilidad

Oye, que es error cruel...

Los dos

que para informarnos dél
vamos sin Conocimiento.

Conocimiento

Yo voy tras mi pensamiento;
vos no me tengáis, ni vos.

(Vase.)

Gentilidad

Huyendo va de los dos.

Judaísmo

Pues sin él, ¿cómo podremos
saberlo?

Gentilidad

Yo los extremos
de pensar que sea Hombre y Dios
poco cuidado me dan.
Treinta mil dioses adoro
y en todos ellos ignoro
tales señas; y así habrán
de estarse como se están
mis dudas sin que otra acete,
ni me turbe, ni me inquiete
inquirirlo.

Judaísmo

¿Cómo no?
Solo un Dios adoro yo.
Este a mis padres promete,
en mil sacras profecías,
que a reparar el afán
del mayorazgo de Adán
al mundo vendrá el Mesías.
Y aunque conjeturas mías
desengañen a Israel
de que no puede ser él,
pues cumplirse desconfío,

según el cómputo mío,
las semanas de Daniel
tan presto; con todo quiero,
porque en mi pueblo no dé
escándalo el pensar que
pueda ser el que yo espero,
averiguarlo primero
para atajar el rumor,
y quizá, al verlo mejor,
podrá ser que tales sean
las señas, que o no se crean
o se crean con error.

Gentilidad

A mí no me importa, y pues
a inquirir y saber vas,
de lo que infieras podrás
darme noticia después.

(Vase.)

Judaísmo

Fuerza obedecerte es,
puesto que sujeto estoy
al romano imperio hoy,
siendo yugo su laurel
de la cerviz de Israel;
mas ¿dónde o por dónde voy,
llevado de mi destino,
sin que alguna senda elija?
No sé lo que me colija
de ir tan fuera de camino
tras esta duda. Vecino
desierto a la población

de los montes de Sión,
en quien al Sol mueven lid
el alcázar de David
y el templo de Salomón,
dime... pero ¿con quién hablo?,
que un monte no me ha de dar
respuesta; vuelva a buscar
senda al discurso que entablo.

Apetito (Dentro.) ¿Dónde vas, Hombre del diablo?

Judaísmo ¿Qué es lo que escuchando estoy,
si dice a mí, al ver que voy
perdido?

Apetito Ven por aquí.

Judaísmo Pero no, no dice a mí,
si crédito a su voz doy,
pues a un hombre que allí viene
tan ciego que se despeña
de una peña en otra peña,
de su peligro previene
avisar; llegar conviene
a socorrerle; ya estás

(Sale el Hombre como despeñándose y da en sus brazos haciendo los extremos que dicen los versos.)

en mis brazos, ya podrás
asegurar la caída;
hombre no he visto en mi vida

que me atemorice más.
Dime, ¡oh tú!, desesperado
homicida de ti mismo,
que de esa cumbre a este abismo
no sin milagro has llegado
vivo, pues ya asegurado
estás, ¿qué te aflige? ¿Qué
te pasma? Ni oye, ni ve,
ni habla; sin duda, el disgusto
le hace del pasado susto
que tan fuera de sí esté;
pues sin hablar, sin oír
ni ver, con mortal despecho,
despedazándose el pecho
prorrumpe solo en gemir.

(Dentro Apetito, y sale luego.)

Apetito — ¿Tanto había, solo en ir
a nuestra desierta gruta
por una silvestre fruta
que te alivie, de tardar
que no pudiste esperar
sobre la esmeralda bruta
del risco en que te dejé,
que con novedad, sin mí
te despeñas?

Judaísmo — Hombre, di:
¿qué sientes?

Apetito — Háblele usté

más alto, que es sordo.

Judaísmo ¿Qué
te pasma, que aún no me has dado
gracias de haberte librado?

Apetito Es mudo.

Judaísmo Y cuando a ti llego,
¿aun no me miras?

Apetito Es ciego.

Judaísmo ¿Qué haces?

(Hace extremos, gimiendo como desesperado.)

Apetito Está endemoniado.

Judaísmo Aunque tú me hablas y él no,
más en su aspecto cruel
que tú dices, dice él.

Apetito En vano eso te admiró,
que mudo conozco yo
que, con mañas no pequeñas,
él solo habla más por señas
que un garito de barberos,
un soportal de roperos
y una antesala de dueñas.

Judaísmo Vivo cadáver, que dentro

de ti sepultado estás,
¿qué horror es el que me das
cuando en el rústico centro
destas montañas te encuentro?

Apetito — Hablar con él es en vano.

Judaísmo — Pues di tú quién es, villano.

Apetito — Un hombre, a quien reducido
está en no sé qué sentido
hoy todo el Género Humano.

Judaísmo — Segunda vez me asustó
la proposición que oí.
¿El Género Humano?

Apetito — Sí.

Judaísmo — ¿Quién así le tiene?

(Sale el Demonio.)

Demonio — Yo.

Judaísmo — Tu voz y tu vista no
dejan a mi fantasía
seguir la vaga porfía,
que iba tras un Hombre Dios;
y así huyendo de los dos
vuelve atrás la duda mía,
de mayores ansias llena,

pues un Dios Hombre busqué
y un hombre demonio hallé.

(Vase.)

Demonio

¡Qué ira! ¡Qué rabia! ¡Qué pena!
La plenitud enajena
de mis altas ciencias, cuando
el Hombre Dios, que ignorando
va el Judaísmo, es en quien
están mis dudas también,
temiendo a un tiempo y dudando.
Hombre, que en el mundo entró
sin que yo supiese dél;
Hombre, que el yugo cruel
de la culpa no agobió;
Hombre, que al tentarle yo
hoy en un desierto, fue
bastante su voz a que
con solo ella me venciera,
¿qué Hombre es? Mas desta manera
el miedo aseguraré
de misterios que presumo
y no alcanzo; en esta roca,
por cuya entreabierta boca
con sumo horror, pavor sumo,
fuego exhala, escupe humo
el abismo que encendí,
despeña ese Hombre.

Naturaleza humana

(Dentro.) ¡Ay de mí!

Demonio Mas ¿cúya es esta tristeza?

Apetito ¿La Humana Naturaleza
no es la que se queja?

Demonio Sí.

Naturaleza humana
(Dentro.) ¡Ay de mí, que ya rendida
al hambre y la sed fallezco.

Peregrino (Dentro.) No temas, pues que me ofrezco
yo al reparo de tu vida.

Demonio Nada mi rencor impida:
despéñale, por si quedo
libre así del letal miedo
de que nadie a socorrelle
venga.

Apetito No puedo movelle;
ayúdame tú.

(Quiere llevarle y hace como que no puede moverle.)

Demonio No puedo
yo precipitarle, no;
y así a ti te le remito,
pues puede hacer su Apetito

lo que no puedo hacer yo.

(Vase el Hombre.)

Apetito — Parece que lo entendió,
pues de aquí huyendo se fue.

Demonio — ¡Ay, que no es eso!

Apetito — ¿Pues qué?

Demonio — Lo que a Dios David pedía,
cuando «líbrame -decía-,
Señor, de lo que no sé».
Dios le ha librado de mí;
ve tras él y no le vea
nadie hasta saber quién sea
quien a mí me trai sin mí;
pero oye primero.

Apetito — Di.

Demonio — ¿Viste acaso un Peregrino
que, aclamándole divino
mil prodigios diferentes,
seguido de varias gentes
de un desierto en otro vino?

Apetito — Sí, y a cuantos le siguieron
(según muestra la flaqueza
de Humana Naturaleza
en las voces que se oyeron),

después que pasar le vieron
el mar en pobre bajel,
hambre padecer cruel,
¿cómo quieres cuando va
hambriento un vulgo, que ya
sepa el Apetito dél?

(Vase.)

Demonio

Dices bien, mas como a mí
no hay lejano, no hay secreto
lugar reservado, pues
montes y mares transciendo,
de esotra parte del golfo
de Theberíades viendo
desde aquí estoy a él y a cuantos
le siguen, ya sea de afectos,
ya de curiosos, o ya
de calumniadores, puesto
que tanto número es fuerza
estar de todos compuesto;
cinco mil personas son,
sin niños, mujeres, viejos,
los que a buscar su salud,
los que a admitir sus consejos
o los que a observar calumnias,
que acusen sus dichos y hechos,
sus no errados pasos siguen.
Y si es que alegrarme puedo
yo de algo, solo será
de que en segundo desierto
todos fallecidos de hambre

perezcan, y más si atiendo
a que uno de los suyos,
prestándole el desaliento
la Naturaleza Humana,
dice...

Naturaleza humana
(Dentro.)
¿Dónde compraremos
hoy pan, Señor, para tantos
como te vienen siguiendo?

Demonio
A que otro también con ella
prosigue...

Naturaleza humana
(Dentro.)
Solo tenemos
cinco panes de cebada
con solos dos peces, pero
¿esto que será entre tantos?

Demonio
Mas ¡ay! que ser mucho temo,
pues dando orden de que todos
se recuesten sobre el heno
que estas campañas producen,
bruto herbaje de su centro,
tomando el pan en sus manos
y haciendo gracias al cielo
le bendice y le reparte,
sin que el número pequeño
de su cantidad se apure;
pues mientras va repartiendo
más y más porciones, más

la cantidad va en aumento.
Si en otras campañas vi
perecer de hambre otro pueblo
y que un llovido maná
fue de todos alimento,
¿qué mucho que repetido
vea aquí el favor inmenso
de Dios, y que a todos ponga
mesa en otro árido yermo?
Mas ¡ay! otra vez, y otras
mil a repetirlo vuelvo.
Que si allí me dieron sombras
y luces, visos y lejos
las temidas conjeturas
de algún alto sacramento,
aún aquí más, pues tomando,
como dije, el pan y haciendo
gracias le bendice y da
tan igual que el más hambriento
y el menos hambriento, todos
se persuaden satisfechos
a que en el menor bocado
partido le goza entero.
Y aún ser el pan de cebada
aumenta mis dudas, siendo
como es, por ser desabrido,
escabroso, áspero y seco,
símbolo de penitencia,
acompañado, tras serlo,
del pez, animal tan mudo
que es símbolo del silencio;
como enseñando en el pan

que ha de preceder primero
penitencia; y en el pez,
que ha de ser tan en secreto
que aunque se deje mirar
en la parte del ejemplo,
no en la parte de que a ajarle
llegue el desvanecimiento.
Si en tosco pan de cebada
obra tan alto misterio,
¿qué obrara a ser pan de trigo?
¿Dónde llegara el portento
hecho en materia más noble?
Y más si al pan interpreto
gracia y, viéndole aumentado,
acudo al idioma griego,
adonde la Eucaristía
es decir de gracia aumento.
Pero ¿para qué discurro
en lo raro, en lo estupendo
de milagro que le hace
Dios cada día, si advierto
cuánto es menos sustentar
cinco mil en un desierto
con cinco panes, que no
aun sin el número de ellos,
a mercedes de la nada
sustentar al Universo?
Y así, lo que discurrir
en aquesta parte debo
es solo en quién será hombre
que yo ni alcanzo ni entiendo.

Música (Dentro.)

Confesémosle todos
Señor tan bueno,
que sus misericordias
son en eterno.

Demonio

Confesémosle todos
señor tan bueno,
que sus misericordias
son en eterno.
¡Ay de mí, si al beneficio
agradecidos atiendo
que para darle las gracias
les dicta David los versos!

Música

Pues que Dios de los dioses
le hacen sus hechos,
cuando Rey de reyes
su amor inmenso.
Confesémosle todos
señor tan bueno,
que sus misericordias
son en eterno.

(Con estos versos salen el Peregrino, la Naturaleza divina con el velo, a mano derecha, y la Humana, a la izquierda; la Fe y la Penitencia y algunos Músicos.)

Peregrino

Id en paz y por ahora
no sigáis mis pasos; presto
volveré a buscaros yo.

Todos — Vamos, pero repitiendo.

Música — Al que sus maravillas
solo hace, y luego
Luna y Sol, cielo y tierra
su entendimiento.
Confesémosle todos
señor tan bueno,
que sus misericordias
son en eterno.

Peregrino — Ya, Naturaleza Humana,
cobrar puedes el aliento,
pues el cielo ha confortado
tus ansias con sus consuelos.

Naturaleza humana — Aunque mi hambre tus favores
goce, no he perdido el miedo
a aquella pasada fruta.

Fe — Vive, pues, que para eso
te asiste la fe.

Penitencia — Y te da
la Penitencia su esfuerzo
en ese Pan explicado.

Demonio — Por más que averiguar quiero
quién sea este hombre, no es posible
cuando en él (¡ay de mí!) veo
tantas señas de Divino,
cuyas vislumbres desmiento

con tantas señas de Humano.

Naturaleza divina

¡Qué mucho si con el velo
de Humanidad tiene el rostro
la Divinidad cubierto,
porque para que le corra
aún no sea llegado el tiempo!

Demonio

Y así, porque no me aflijan
más mis ansias y recelos,
mis penas, mis confusiones,
mis angustias, mis tormentos,
es fuerza que deste monte
vaya, como de otro, huyendo
de su vista; pero no
me he de acobardar por eso,
pues al Hombre poseído
y incapaz de auxilios tengo.

(Vase.)

Peregrino

¿Parece que aún no cobrada
estás?

Naturaleza humana

Yo te lo confieso,
porque, como dije, estoy
tocada de aquel primero
contacto.

Peregrino

Pues fía y espera
que otro bocado sea presto
reparo de aquel bocado,

otro leño de aquel leño,
y otro Adán de aquel Adán;
y ven, que deste acto quiero
síncopa hacer otro acto,
porque de otros vencimientos
goces el triunfo.

Naturaleza humana — El mayor
que de tus obras espero
es que te acuerdes que estoy
herida de aquel veneno
que, a fuer de rabia, si no
sana el que me hirió, no puedo
sanar yo.

Peregrino — Fía y confía
de que ya se llegue el tiempo.

Naturaleza humana — ¿De qué suerte?

Peregrino — Desta suerte.
¡Ah de los muros supremos
de la gran Jerusalén!

Coro I (Dentro.) — ¿Quién es el que llama a ellos?

Naturaleza divina — Pues festivos nos responden,
sigamos su estilo mesmo.

Coro II (Fuera.) — Abrid las puertas, abrid.

Coro I
¿A quién?

Coro II
Al Príncipe vuestro.

Coro I
¿Quién nuestro Príncipe es
que aquí no le conocemos?

Coro II
El que es fuerte y poderoso
en militares encuentros.
Levad las puentes, abrid
hoy las puertas.

Coro I
¿A qué efeto?

Coro II
De que entre el Rey de la Gloria.

Coro I
¿Quién es quien pretende serlo?

Coro II
El Señor de las Virtudes
es de la Gloria el Rey nuestro.
Abrid las puertas, abrid.

(Sale el Judaísmo trayendo como por fuerza al Conocimiento, y otros con él.)

Judaísmo
No os detengáis, abrid presto,
que ya que le hallé y forzado
traigo aquí al Conocimiento,
él dirá quién es quien llama.

Conocimiento
Sí, yo he de decirlo oyendo
esas voces sobre otras

señas de que ahora me acuerdo
que en dos montes vi: este es
el Rey de la Gloria Excelso,
el Señor de las Virtudes.

Judaísmo

Pues por agora te tengo,
Conocimiento, entre manos
y tú me lo dices, quiero
recibirle y festejarle
como a tal; de aquesos güertos
arrancad palmas y olivas

(Hacen él y todos lo que dicen los versos, y el Peregrino pasa pisando los mantos y ramos con las dos naturalezas a sus lados.)

y todos a sus pies puestos
alfombras haced los mantos,
y su venida aplaudiendo
diga el festivo rumor
que a su entrada se previene:
«Bendito sea el que viene
en el nombre del Señor»

Todos y Música

Bendito sea el que viene
en el nombre del Señor.

Naturaleza humana

¡Felice yo, que triunfando
merecí verte!

Peregrino

¡Qué presto
será este festejo ira

y será saña este obsequio!

Naturaleza humana ¿Cómo?

Naturaleza divina Como estoy yo en él
cubierta de Humano velo.

Naturaleza humana ¿Y hasta cuándo lo has de estar?

Naturaleza divina Hasta romperse el del Templo.

Judaísmo Proseguid sus alabanzas
otra y mil veces diciendo:
Pues el cielo su favor
hoy a todos nos previene...

Él y música Bendito sea el que viene
en el nombre del Señor.

(Con esta repetición se van el Peregrino y las dos [naturalezas] y su Coro, con majestad y aparato de música y chirimías.)

Conocimiento Mientras la aclamación sigue,
u divertido u suspenso
el Judaísmo, su vista
huya; que cobarde temo
de su áspera condición
lo inconstante y vario. y puesto
que aquí forzado me trujo,
no he de asistirle, supuesto
que Conocimiento a fuerza
no es propio Conocimiento.

Prosiga el triunfo sin mí.

(Vase.)

Judaísmo

¡Qué alegre, ufano y contento
de aquesta venida estoy!
Bien que no sé qué echo menos
en mí de un instante acá
que me está como diciendo
que hice mal, sin más informe
de si es cierto o si no es cierto
que sea el Rey de la Gloria,
en persuadirme tan presto.
Conocimiento, a decirme
vuelve si..., mas no le veo:
él es el que menos yo
echaba. ¿Qué mucho, ¡cielos!,
si el Conocimiento falta
que falte el Entendimiento?
¡Ah!, Conocimiento mío,
¿dónde estás, dónde?

(Sale la Gentilidad y el Judaísmo anda inquieto.)

Gentilidad

¿Qué es esto,
Judaísmo? ¿A quién aclamas
en dulces voces primero,
y después con destempladas
voces buscas? Que de extremos
tan contrarios a saber
la causa confuso vengo.

¿Qué es esto?

Judaísmo
No sé.

Gentilidad
¿Encontraste
al Hombre Dios que siguiendo
ibas?

Judaísmo
No sé.

Gentilidad
¿Qué buscando vas?

Judaísmo
No sé..., mas si sé: medios
para enmendar un error.

Gentilidad
¿Qué error?

Judaísmo
Haber creído necio,
sin que traiga el aparato
de relámpagos y truenos
con que le espera Isaías,
ni haber computado el tiempo
de Daniel, a un Peregrino
que ni sé si galileo
o samaritano es.

Gentilidad
Pues ¿cómo pasas tan presto
desde el aplauso a la ira?

Judaísmo
Como en el instante mesmo
que Conocimiento tuve
no tuve Conocimiento.

Forzado conmigo vino
y aunque me dijo (¡qué yerro!)
que el Rey de la Gloria era,
no lo creo, no lo creo;
pues apenas me empeñó
en su aplauso, cuando huyendo
de mí, en poder de su engaño
me dejó en mi duda envuelto;
mas yo, yo averiguaré
si lo que me dijo es cierto.

Gentilidad

Sí debe de ser, porque
de paso agora viniendo
de milagros y prodigios
de ese hombre vi al mundo lleno.

Judaísmo

¿Qué prodigios? ¿Qué milagros?

Gentilidad

No sé, mas tullidos, ciegos,
paralíticos, leprosos
lo publican, y aún sospecho
que en Mágdalo y en Naín
ha dado vida a los muertos.

Judaísmo

¡Ay Gentilidad, más cerca
que yo estás tú de creerlos!
Yo lo veré.

Gentilidad

¿Cómo?

Judaísmo

Así.

¡Ah Peregrino extranjero!

(Sale el Peregrino y las dos naturalezas.)

Peregrino

¿Qué quieres?

Judaísmo

Ya que ese aplauso
sin saber a quién le ofrezco
y el Conocimiento al verle
de mí huyó, saber deseo
en fe de qué le recibes.

Peregrino

En fe de que le merezco.

Judaísmo

Pues ¿quién eres?

Peregrino

Soy quien soy.

Judaísmo

Harto en eso dices, pero
para que yo lo crea dame
alguna señal.

Peregrino

¡Oh pueblo
bárbaro, obstinado y loco!
¿Señal me pides teniendo
la de Acaz en Virgen Madre
antes y después de serlo;
la de Jonás sepultado
tres días y después de ellos
vivo en Nínive?

Judaísmo

No bastan

si en tus obras no las veo.

Peregrino
Mal las verás en mis obras,
que aunque soy yo quien las muestro,
no son obras mías.

Judaísmo
Pues ¿cúyas?

Peregrino
De mi Padre.

Judaísmo
Dime, puesto
que a tu Padre no conozco,
¿quién es tu Padre?

Peregrino
En sabiendo
de mí, sabrás dél.

Judaísmo
No sé
qué quieras decirme en eso.

Peregrino
Que a mi Padre glorifico,
no a mí, porque si a mí mesmo
me glorificara, fuera
nada mi gloria.

Judaísmo
No entiendo
la proposición.

Peregrino
Bien claro
he dicho que a Él obedezco.

Judaísmo ¿Quién es, pues?

Peregrino Si digo que
no le conozco, mi acento
será mendaz como el tuyo;
si digo quién es, protervo
tú, no le conocerás.
Y así en decir me resuelvo
que a Abraham preguntes quién soy,
que él lo dirá; pues es cierto
que Abraham se holgó de verme.

Judaísmo ¿A ti Abraham? ¡Bueno es eso!
¿Apenas treinta y tres años
tienes y quieres hacernos
creer que a ti te vio Abraham?

Peregrino No te admires, que primero
que Abraham fui yo.

Judaísmo Las piedras
vengaran tu atrevimiento,
si no fuera apresurando
la letra al Sagrado Texto;
y así troncado el discurso,
al primer sentido vuelvo.
¿Quién eres?

Peregrino La Luz del Mundo.

Judaísmo ¡Raro desvanecimiento!

¿Tú la Luz del Mundo?

Peregrino
Sí,
y quien me fuere siguiendo
no pisará las tinieblas,
porque soy, después de serlo,
el Camino de la Vida
y aun la misma Vida.

Judaísmo
¿Y eso
quién lo dice?

Peregrino
Yo lo digo,
que soy sobre todo eso...

Judaísmo
Di ¿quién?

Peregrino
La misma Verdad.

Judaísmo
¿Luego eres, en un supuesto,
Verdad, Luz, Camino y Vida?

Peregrino
Claro está.

Judaísmo
¿En qué lo veremos?

Peregrino
El Mundo lo dirá.

Judaísmo
¿Cuándo?

Peregrino — Cuando diga...

(Dentro voces.)

Unos (Dentro.) — ¡Qué portento!

Otros — ¡Qué pasmo!

Otros — ¡Qué horror!

Otros — ¡Qué asombro!

Unos — ¡Cielos, piedad!

Otros — ¡Favor, cielos!

Todos — Huid todos de esa fiera.

Judaísmo — Oye, aguarda, ¿qué es aquello?

Gentilidad — No sé, pero todo el vulgo
hacia esta parte corriendo
viene en desmandadas tropas.

Naturaleza humana — ¡De cuanto oigo me estremezco!

Naturaleza divina — Temes, al fin, como Humana.

(Dentro las voces, y sale el Demonio, a lo judío, como con asombro.)

Todos — Huid todos de ese fiero

monstruo.

Unos — Al monte.

Otros — Al valle, al llano.

Demonio — ¿Qué superiores decretos,
cuando a un Hombre reducido
al Género Humano tengo,
sus pasos moviendo, rompe
las leyes de mis imperios?
Sin duda este violentado
impulso incluye misterio;
y así disfrazado, pues
nadie duda que el hebreo
tumulto entre sí me tuvo,
hoy a vista suya tengo
de asistir a todo.

Todos — ¿Dinos
eso qué es?

Demonio — Finja el tormento.
Un Hombre en forma de fiera
o una fiera, que es más cierto,
en forma de Hombre, del monte,
en quien fue su monumento
una pavorosa gruta,
hoy al poblado tan ciego
y despavorido viene,
tan sin elección ni tiento,
que despedazando cuanto

encuentra, con mil extremos
a todos asombra.

(Sale el Conocimiento, como huyendo.)

Conocimiento — Yo
lo diga, pues el primero
a quien de sí ahuyenta es
su propio Conocimiento;
con que estremecidos cuantos
le ven se asombran, diciendo...

(Sale el Apetito y otros huyendo del Hombre, que viene haciendo los extremos que primero.)

Todos — Huid todos de sus iras.

Apetito — Huid, pues aun a mí me ha muerto
con ser yo su más amigo.

Demonio — Ya descubre mucho esto
de echar de sí al Apetito.

Naturaleza humana — De mirarle absorta tiemblo,
pero ¿qué mucho si en parte
todo lo que él siente siento?

Judaísmo — ¡Cielos! ¿Qué es esto que miro?
Este es aquel Hombre mesmo
que alguna vez vi.

Gentilidad ¡Qué asombro!

Fe ¡Qué espanto!

Conocimiento ¡Qué horror!

Penitencia ¡Qué miedo!

Peregrino No temáis y atended todos,
y tú, infelice, el primero,
descansa en tu furor mismo.

Apetito Aun él se queda suspenso
al imperio de su voz
con no oír.

Peregrino Dime, ¿en qué, ¡oh pueblo!,
quedamos?

Judaísmo En que eras Luz
del mundo, y del mundo luego
Camino, Verdad y Vida,
y que él lo dirá.

Peregrino Oye atento.
El hombre es pequeño mundo.

Judaísmo Así lo dice el proverbio.

Peregrino ¿Está sin vida cuando hay
otro que la manda dentro?

Judaísmo — Sí, pues su vida no es suya
hoy en el uso.

Peregrino — ¿Está ciego?

Judaísmo — Ciego está.

Peregrino — Luego, sin luz.

Judaísmo — La consecuencia concedo.

Peregrino — Luego no sabrá el camino
en que anda.

Judaísmo — No lo niego.

Peregrino — ¿Mudo y sordo no está?

Judaísmo — Sí.

Peregrino — ¿La verdad no es un concepto
que se escucha o que se dice
y está el sordo y mudo ajeno
de oír ni decir verdad?

Judaísmo — ¿Cómo he de negarlo?

Peregrino — Luego,
si es pequeño mundo el hombre
y éste está sin vida, ciego,
sordo y mudo, ¿quién le dé
oído y voz, senda y aliento

será Luz, Vida, Camino
y Verdad también? Supuesto
que a no restituirle en todo
¿ni fueran Verdad sus hechos,
ni Luz, Camino ni Vida?

Judaísmo — Es así.

Peregrino — Pues oye atento,
y atento también el grande
mundo en el mundo pequeño.
Impuro, tirano güésped
de ese amotinado reino
de potencias y sentidos,
desocúpale a su dueño
la posesión que no es tuya.

Hombre (Con extremos.)
A mi pesar te obedezco.
(Con quietud.) ¿Qué nuevo descanso es éste
con que respiro y aliento?

Demonio — ¿Qué Humano es éste que pudo
vencerme a mí en un desierto,
dar vida a tantos en otro
y lanzar tras ambos luego
mi espíritu en el poblado?

Judaísmo — Gentilidad.

Gentilidad — Di.

Judaísmo ¿Qué haremos,
que muchas señales hace?

Gentilidad No sé.

Naturaleza humana Con mayor sosiego
descansa él y yo descanso.

Conocimiento ¿Qué importa si aun se está ciego?
Bien que si aquesta vez cae,

(Va a caer y cae en el Conocimiento.)

es en su Conocimiento.

Peregrino Ábrele los ojos tú,
pues cae en ti.

Conocimiento ¿Cómo puedo?

Peregrino Aunque no es el ciego este
que el polvo sanó, es lo mesmo
en la significación;
dale, en vez de aquel espejo,
con ese polvo en los ojos,
que no hay cristal puro y terso
que al Hombre mejor retrate.

(Hace que le da con el polvo en los ojos y él los abre y, retirándose con admiración, da con la Penitencia.)

Conocimiento Hombre, quién eres te acuerdo;

mírate agora en el barro.

Hombre

No más, no más, que ya veo
que soy tierra, polvo y nada.
Déjame, pues que confieso
mi bajo ser y mi culpa;
mas ¿quién es con quien encuentro?

Penitencia

Si con la vista, la voz
en la confesión que has hecho
cobras, ¿quién será sino
la Penitencia?

Hombre

No entiendo
lo que dices; que aunque cobré
vista y voz, todavía tengo
torpe el oído.

(Pasa a la Fe.)

Fe

No tienes,
pues conmigo das; y siendo
ese de la fe el sentido
han de ver todos que, abriendo
el efeta sus candados,
yo ese sentido te vuelvo.

(Pasa a la Naturaleza.)

Hombre

Dime, oh tú perdido lustre
de aquel mi candor primero,
ya que de la fe informado

oigo verdades que creo,
¿a quién le debo [...] la vida,
a quién la vista le debo,
a quién la voz y el oído
y a quién la luz, en efeto,
siendo Luz, Camino, Vida
y Verdad para mí a un tiempo?

Naturaleza humana A quien sin causarle horror
mi mal me admitió en su pecho
cuando, tocada de ti,
me amenazaba tu riesgo.

Hombre Arrojaréme a sus plantas.

Judaísmo Turbado estoy y suspenso.

Gentilidad Yo confuso y admirado.

Apetito Yo hecho un bobo, seor hebreo.
(Al Demonio.) ¿Qué dice usted de estas cosas?

Demonio Que haré mal si no reviento,
al ver tan grande prodigio,
el volcán de mis incendios.

Apetito Mas que hubiera reventado
antes de darme tan recio.

Demonio Pero yo le abortaré,
ya que en este hábito puedo
(pues hábito hizo el Demonio

el rencor del pueblo hebreo)
introducirme en su vulgo.
Advenedizo extranjero:
bien creerás que ese prodigio
en estimación te ha puesto
de querer que te creamos
el Mesías verdadero;
pues engáñaste, que no
somos tan locos, tan necios
que no sepamos (por muchos
hablo yo que asisto en ellos)
que estos portentos que haces
no son divinos portentos,
sino diabólicos, pues
los haces, ya lo sabemos,
en virtud de Belcebut.

Peregrino

Respóndate este argumento.
¿Qué reino entre sí diviso
no será asolado reino?
Luego si Belcebut era
quien dominaba este cuerpo
y en virtud de Belcebut
le ha dejado a su despecho,
¿cómo puede ser que sea
él mesmo contra sí mesmo
sin que su imperio se asuele?
Pues a ser suyo el imperio
no se le quitara a sí,
cuando es sagrado proverbio
«contra mí es quien no es conmigo».
Y pasando a otro concepto

de que aquí otro poder ande:
el Rey, que murado vemos
y pertrechado, es sin duda
goza en paz corona y cetro;
mas si está desguarnecido
y otro con poder supremo
le asalta, ese le despoja
de cetro y corona; luego
Belcebut, Belcebut
no vencido, ¿es manifiesto
que de otro superior
a él lo sea? Este es el dedo
de Dios; y pues que con él
destruyo, avasallo y venzo
el reino de Belcebut,
de Dios vendrá a ser el reino.

Fe
Beato el vientre en que anduviste.

Demonio, Judaísmo y Gentilidad
¿Qué está allí una voz diciendo?

Fe
Y los pechos que mamaste.

Naturaleza humana
Entre las gentes del pueblo
la fe en una levantó
la voz.

Los tres
¿Qué dicen sus ecos?

Apetito
Porque no dudéis qué dicen
todos lo repetiremos,

diciendo con ella.

Demonio — Baste
que ella lo dijese, ¡ay triste!

Todos y Música — Beato el vientre en que anduviste
y los pechos que mamaste.

Judaísmo — ¡Qué nueva salutación!

Gentilidad — ¡Qué nunca escuchado obsequio!

Demonio — Gentilismo y Hebraísmo
a tanto asombro suspensos
han quedado, pero yo
por el que huyo, revistiendo
en siete espíritus míos,
aún peores que el primero,
mi furor, he de volver
a la lid, por instrumento,
como, en fin, más impío, más
prevaricado y más fiero,
eligiendo al Judaísmo.
¿Cómo tan mudo y tan quieto
estás oyendo que viene
a establecer nuevo reino
en Jerusalén y no
lo examinas?

Judaísmo — Cobre aliento,
pues cobrado el susto anima
nuevo espíritu mi pecho.

Gentilidad, ¿cómo estando
estas blasfemias oyendo
y teniendo como tienes
el político gobierno
por el César, no castigas
tan osado atrevimiento
como que el pueblo alborote
un samaritano, haciendo
de la mágica milagros?

(Llévale el Judaísmo a la Gentilidad.)

Y pues que yo te le entrego
fulmina su causa tú,
que ya es bastante proceso
el del escándalo, cuando
no lo fuera el que no creo
ser quien dice.

Gentilidad — No hallo causa
contra él; a ti te le vuelvo.

(Vuélvele la Gentilidad al Judaísmo.)

Júzgale tú, que yo lavo
mis manos.

Judaísmo — ¿Tú dices eso?

Apetito — Desde Herodes a Pilatos
bueno se anda el cumplimiento.

Gentilidad
Sí, porque yo tener parte
en su justicia no quiero.

Judaísmo
Traidor al César serás
si le remites, oyendo
que viene a ser de Israel
Rey, con que ofendidos temo
el que vengan los romanos
a asolarnos; y así menos
importará que uno muera
por todos, que todos.

Gentilidad
¡Cielos!
La política razón
más que el judicial acuerdo
me obliga; tú le castiga,
que yo en tus manos le dejo.

Judaísmo
¿En mis manos?

Gentilidad
Sí.

Judaísmo
Pues yo
tanto al verle me enfurezco,
que le he de quitar la vida.
(Empuña la espada.) A sacar iba el acero,
y no ha de ser de su muerte
tan ilustre el instrumento;
su báculo, porque infame
muera con mayor desprecio,
improperio y ignominia,

lo sea.

(Quítale el báculo y al arbolarle forma una cruz en el aire; la Naturaleza humana se pone en medio, con que ejecutando en ella el golpe cae en brazos del Peregrino desmayada, y él arrodilla con ella ensangrentándose rostro y manos en su herida; la Naturaleza divina, a todo esto, se está suspensa y elevada; y el Peregrino, como con ansias de muerte, cayendo y levantando, toma una punta del velo con que la Naturaleza divina tiene cubierto el rostro y se va desplegando el velo a tiempo que la Naturaleza humana toma la otra punta, de suerte que se vea la Divina entre los dos, pendiente de ambos, descubierto el rostro.)

Naturaleza humana — ¿Qué haces, monstruo fiero?
Tente, mas ¡ay! que en mí dio
el golpe.

Peregrino — Y a mí me ha muerto
de resultas de tu herida,
con que estando de por medio,
¡oh Naturaleza Humana!,
tu sangre es la que yo vierto;
pero ¿qué mucho si en mí
vive el alma de tu cuerpo?
¿Por qué me has desamparado,
Padre mío? Dame esfuerzo,
Divina Naturaleza,
en tal trance.

(Vase.)

Naturaleza humana — ¿Cómo viendo,

Naturaleza Divina,
que él padece y que yo muero
no nos socorres?

Naturaleza divina — Conviene
uno y otro; y así, tengo
de mi absoluto poder
por ahora el brazo suspenso;
pero a él ni a ti desamparo,
pues que contigo me quedo
al tiempo que con él voy,
mostrando los dos extremos
del velo que entre los dos
el rostro me ha descubierto,
que hay sin faltar a uno ni otro,
bien como en un mismo tiempo,
Divinidad en el Alma,
Divinidad en el Cuerpo.

(Vase.)

Naturaleza humana — Con que al fallecer la Humana
Naturaleza, su velo
quitó al rostro la Divina,
pues que se rasga el del Templo.

(Cayendo la Naturaleza, hay terremoto dentro y todos se asombran.)

Unos — ¡Qué asombro!

Otros ¡Qué confusión!

Unos ¡Qué prodigio!

Otros ¡Qué portento!

(El terremoto, siempre.)

Hombre ¿Qué impensado terremoto
nos ha oscurecido el cielo?

Fe ¿Cómo a media tarde el Sol
sin el ocaso se ha puesto?

Judaísmo Estremecidos los montes
titubean de su centro.

Penitencia Sus cadáveres la tierra
aborta.

Gentilidad Mortal encuentro
las piedras unas con otras
mueven.

Apetito En torres de yelo
el mar se eleva a las nubes.

Conocimiento Hoy espira el Universo
o padece su Hacedor.

Gentilidad Verdaderamente creo

ser Hijo de Dios este hombre.

(El terremoto.)

Todos — ¿Qué es esto, ¡cielos!, qué es esto?

Hombre — La costa de mi salud.

Demonio — Aunque a mi pesar, confieso
que es de tu salud la costa,
pues sin haberse interpuesto
el orbe entre Sol y Luna,
Luna y Sol padecer veo
sobrenatural eclipse;
¿no negarás, por lo menos,
que aún yace muerta la Humana
Naturaleza?

(Vuelve en sí.)

Naturaleza humana — Sí, pero
muerta a vivir.

Demonio — ¿Cuándo?

Naturaleza humana — Cuando,
ya que recobrado ha vuelto
a su primer ser el Hombre,
veas que al día tercero
la divinidad del alma
vuelve a unirse a la del cuerpo.
Y en cuerpo y alma glorioso

sube triunfando y venciendo
de ti la muerte y la culpa.

Demonio

No más, no más; el aliento
suspende; no, no lo digas,
que ya, ¡ay infelice!, temo
que al cielo las puertas abra
quien abre las del infierno
de donde triunfante sale.

Judaísmo

A cuya luz soy yo el ciego,
el mudo, el sordo y el que
de mi espíritu padezco
el furor, cuando al mirarle
dudo, lloro, gimo y tiemblo.

Demonio

No te arrepientas, que aún queda
el Hombre en su mismo riesgo,
pues queda con su Apetito.

Judaísmo

No es éste arrepentimiento
sino obstinación, que para
arrepentirme yo es presto.

Demonio

Y haces bien, pues no es entera
salud la del Hombre, puesto
que para actuales culpas
no le ha llegado el remedio.

(Ábrese un peñasco y vese en él el Peregrino, de gala, con manto encarnado y bandera de Resurrección.)

Peregrino

Sí ha llegado, pues le quedan
de mi Nuevo Testamento
en el arca los tesoros
que son de mi Sangre el precio;
con que siempre que se vea
impedido, recurriendo
a su piedad, hallará
vida de gracia y aumento.

Demonio

¿Qué tesoros esos son?

(Ábrese otro peñasco y vese en él la Naturaleza divina con la cruz que formó el bordón en una mano y en otra Cáliz y Hostia.)

Naturaleza divina

Los de siete sacramentos,
de quien es el principal
aqueste cándido velo,
en quien la Divinidad
segunda vez se ha encubierto
a la Humanidad unida,
estando como en el cielo
en las especies del pan
y el vino con Alma y Cuerpo.

Demonio

¿Quién lo asegura?

Fe

La fe,
que ciega ve sus misterios.

Demonio

¡Oh quién pudiera negarlos!

Judaísmo

¿Eso dudas? ¿Pues no puedo

negarlos yo?

Demonio — Tú podrás,
para que se mire en esto,
que más que el mismo Demonio
incrédulo es el hebreo.

Conocimiento — Dúdalo tú, mas yo no,
que soy el Conocimiento.

Hombre — Ni yo, pues en él adoro
de mi salud el consuelo.

Naturaleza humana — Ni yo, pues con tu salud
soy yo la que convalezco.

Penitencia — Ni yo, pues para gozarlo
la Penitencia es el medio.

Gentilidad — Ni yo, pues ha de seguir
la Gentilidad su gremio.

Apetito — Ni yo, pues aunque Apetito
me quede, vencerme ofrezco
por llegar a aquel manjar.
Y pues de mayores yerros
hoy es día de perdón,
pidámosle de los nuestros
todos a estas reales plantas.

Naturaleza humana — Sí, pero sea diciendo,
pues que de Humano y Divino

unidos los dos extremos
para siempre han de quedar,
sus alabanzas.

Hombre — A eso,
pues es de la fe el oficio,
ella nos dicte los versos.

Fe — Sí haré; repetid conmigo
todos a sus plantas puestos:
A tan alto Sacramento.

Música y Todos — A tan alto Sacramento.

Fe — Venere el mundo rendido.

Música y Todos — Venere el mundo rendido.

Fe — Y el Antiguo Documento.

Música y Todos — Y el Antiguo Documento.

Fe — Ceda al Nuevo Testamento.

Música y Todos — Ceda al Nuevo Testamento.

Fe — Supliendo la fe al sentido.

Música y Todos — Supliendo la fe al Sentido.

(Con esta repetición se cierran las apariencias.)

Libros a la carta

A la carta es un servicio especializado para
empresas,
librerías,
bibliotecas,
editoriales
y centros de enseñanza;
y permite confeccionar libros que, por su formato y concepción, sirven a los propósitos más específicos de estas instituciones.

Las empresas nos encargan ediciones personalizadas para marketing editorial o para regalos institucionales. Y los interesados solicitan, a título personal, ediciones antiguas, o no disponibles en el mercado; y las acompañan con notas y comentarios críticos.

Las ediciones tienen como apoyo un libro de estilo con todo tipo de referencias sobre los criterios de tratamiento tipográfico aplicados a nuestros libros que puede ser consultado en Linkgua-ediciones.com.

Linkgua edita por encargo diferentes versiones de una misma obra con distintos tratamientos ortotipográficos (actualizaciones de carácter divulgativo de un clásico, o versiones estrictamente fieles a la edición original de referencia).

Este servicio de ediciones a la carta le permitirá, si usted se dedica a la enseñanza, tener una forma de hacer pública su interpretación de un texto y, sobre una versión digitalizada «base», usted podrá introducir interpretaciones del texto fuente. Es un tópico que los profesores denuncien en clase los desmanes de una edición, o vayan comentando errores de interpretación de un texto y esta es una solución útil a esa necesidad del mundo académico.

Asimismo publicamos de manera sistemática, en un mismo catálogo, tesis doctorales y actas de congresos académicos, que son distribuidas a través de nuestra Web.

El servicio de «libros a la carta» funciona de dos formas.

1. Tenemos un fondo de libros digitalizados que usted puede personalizar en tiradas de al menos cinco ejemplares. Estas personalizaciones pueden ser de todo tipo: añadir notas de clase para uso de un grupo de estudiantes, introducir logos corporativos para uso con fines de marketing empresarial, etc. etc.

2. Buscamos libros descatalogados de otras editoriales y los reeditamos en tiradas cortas a petición de un cliente.

Printed in Poland
by Amazon Fulfillment
Poland Sp. z o.o., Wrocław
19 June 2026

7380991a-12ba-46c2-b5f4-a7300a0c83ffR01